CHOCOLATS & CONFISERIES

KÖNEMANN

La confiserie

Gommes au miel, pommes d'amour, caramels, truffes, bonbons et chocolats... Hum ! Tous ces mots évoquent irrésistiblement le monde de l'enfance. Nous vous convions à découvrir les secrets de fabrication des chocolats et des bonbons et à partager ces petites gourmandises avec les petits et les grands !

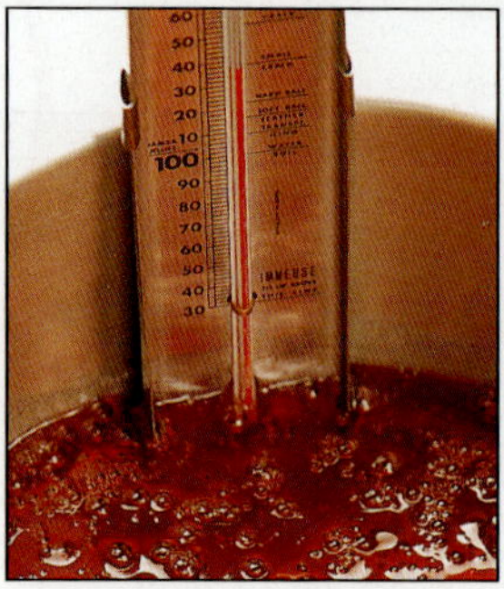

Le thermomètre doit être placé de façon à ce que le bulbe soit submergé de sirop.

Quelques notions de base sur les bonbons

En confiserie, il est important de suivre les recettes à la lettre. D'abord, lisez bien la recette avant de commencer, puis préparez et assemblez tous les ingrédients et les ustensiles nécessaires. Toute l'attention et la précision du cuisinier ou de la cuisinière sont requises puisque le stade de cuisson du sirop est crucial. Il faut aussi être prudent : remuez les mélanges chauds délicatement à la cuillère de bois pour éviter les éclaboussures et par conséquent, les brûlures ; déposez la casserole contenant le sirop sur une surface résistante aux chaleurs intenses. Un dernier conseil : ne touchez jamais à la casserole ou au sirop directement avec les doigts, à moins de les avoir déposés dans l'eau froide. Certaines recettes demandent du glucose liquide, un ingrédient anti-cristallisant clair. Informez-vous auprès de votre pâtissier ou chez les spécialistes de la confiserie pour vous en procurer.

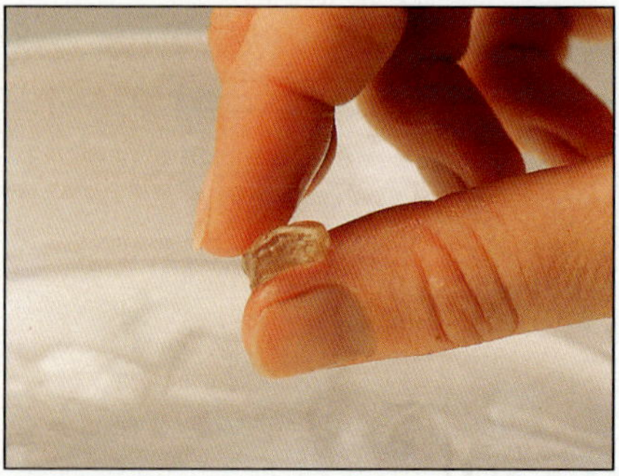

1. Petit boulé – Le sirop forme une boule molle qui s'aplatit rapidement.

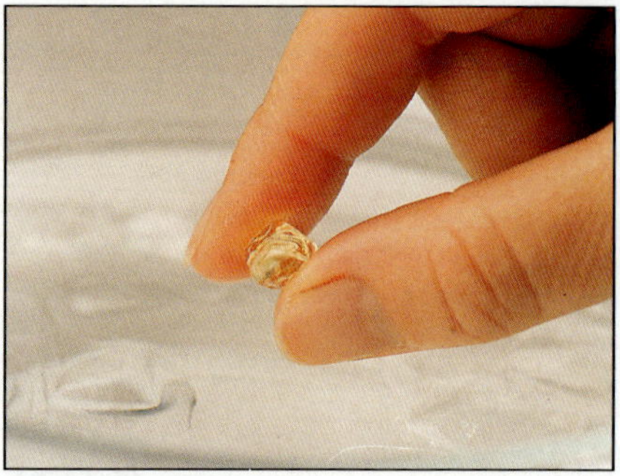

2. Grand boulé – Le sirop forme une boule rigide mais malléable.

Les ustensiles à prévoir pour les bonbons

On trouve sur le marché des articles de cuisine spécialisés pour la confiserie, mais dans la plupart des cas, vous pourrez réussir les bonbons avec le matériel que vous avez sous la main.

◆ Indispensable : un thermomètre de confiseur pourvu de graduations faciles à lire.
◆ Une casserole à fond épais pour cuire le sucre.
◆ Une cuillère de bois à manche long, le meilleur outil pour battre le caramel mou.
◆ Un batteur électrique pour certaines recettes.
◆ Un surface de travail lisse et froide – une plaque de marbre est idéale pour travailler les fondants et les bonbons durs.

La cuisson du sucre

Plusieurs recettes de bonbons sont à base de sirop. Le sirop est un mélange de sucre et d'eau. Voici quatre règles à suivre pour préparer un sirop :

◆ Le sucre doit être complètement dissous avant que le sirop ne se mette à bouillir.
◆ À moins que la recette ne le spécifie, il ne faut pas remuer le sirop lorsqu'il bout.
◆ À l'aide d'un pinceau trempé préalablement dans l'eau chaude, nettoyez les parois de la casserole de temps à autre pendant que le sirop bout, pour prévenir la cristallisation.
◆ Aussitôt que le thermomètre indique la bonne température, retirez la casserole du feu.

Comment vérifier la consistance d'un sirop

La façon la plus sûre de vérifier la température d'un sirop est d'utiliser un thermomètre de confiseur. Cependant, on peut aussi tester le sirop avec les doigts.

Vérifier la consistance avec un thermomètre : le thermomètre de confiseur doit être placé de façon à ce que le bulbe soit submergé de sirop. Aussitôt que le thermomètre indique la bonne température, retirez la casserole du feu. Il est bon de vérifier régulièrement la précision du thermomètre. Mettez-le dans de l'eau et portez-la à ébullition : il doit alors indiquer 100 °C.

Vérifier la consistance avec les doigts : il suffit de prélever un peu de sirop avec une cuillère à café et de le verser dans l'eau glacée pour le refroidir rapidement. Sortez l'échantillon de sirop et

Au-delà du grand cassé, le sirop se transforme en caramel et il est dangereux de faire le test avec les doigts. Si du sirop bouillant éclabousse votre peau, baignez-la dans l'eau froide.

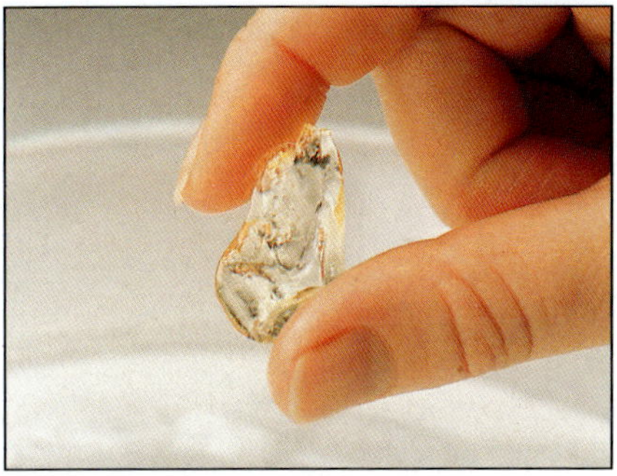

3. Petit cassé – Le sirop se détache en fils durs mais élastiques qui collent aux dents.

4. Grand cassé – Le sirop devient friable et casse comme du verre.

palpez-le entre le pouce et l'index pour connaître la consistance du sirop. S'il n'est pas assez dur, poursuivre la cuisson.

◆ **Filet**
Température : 106 à 112 °C
Test : Le sirop forme un fil. Il n'est pas assez ferme pour former une boule.

◆ **Petit boulé**
Température : 112 à 116 °C
Test : Le sirop forme une boule molle qui s'aplatit rapidement.

◆ **Grand boulé**
Température : 121 à 130 °C
Test : Le sirop forme une boule rigide mais malléable.

◆ **Petit cassé**
Température : 132 à 143 °C
Test : Le sirop se détache en fils durs mais élastiques qui collent aux dents.

◆ **Grand cassé**
Température : 149 à 154 °C
Test : Le sirop devient friable et casse comme du verre.

Quelques notions de base sur les chocolats

Les chocolats sont matière de goût. On peut les aimer amers ou sucrés, au lait, blancs ou aromatisés d'essence ou d'alcool. Peu importe les préférences, certains critères ne trompent pas pour reconnaître un chocolat de qualité. Il doit être brillant, lisse et posséder une odeur délicate et agréable. Quand on le brise, la cassure doit être nette, révélant une texture légère et moelleuse qui fond doucement comme du beurre sur la langue.

Composition du chocolat : le chocolat est fabriqué à partir de pâte de cacao. Cette pâte brun foncé est extraite des fèves de cacao, fruits du cacaoyer, un arbre tropical.

◆ **Chocolat noir**
Le chocolat noir est à base de pâte de cacao et de sucre. Et en y incorporant plus ou moins de sucre et de beurre de cacao, on obtient un chocolat noir, amer ou très amer.

◆ **Chocolat au lait**
Comme son nom l'indique, le chocolat au lait contient du lait en poudre et moins de pâte de cacao.

◆ **Chocolat blanc**
Bien qu'on l'appelle chocolat, le chocolat blanc n'est pas un véritable chocolat puisqu'il ne contient pas de pâte de cacao. Il est fabriqué avec le beurre de cacao, la matière grasse incolore contenue dans la pâte de cacao. On lui ajoute ensuite du lait en poudre, du sucre et parfois d'autres ingrédients.

Pour mieux apprécier les chocolats que vous aurez concoctés, sachez qu'un chocolat se déguste chambré, c'est-à-dire à la température de la pièce. On laisse fondre le chocolat sur la langue pour qu'il imprègne pleinement les papilles gustatives.

1. Utiliser deux fourchettes pour tremper les friandises dans le chocolat fondu.

2. Laisser égoutter l'excès de chocolat au-dessus du bol.

1. Les moules en chocolat sont jolis et pratiques. Il suffit d'étaler le chocolat avec un pinceau.

2. À défaut d'une poche à douille, on peut en fabriquer une en papier. Voir page 4.

Les ustensiles à prévoir pour les chocolats

◆ Un bain-marie pour faire fondre le chocolat
◆ Une cuillère de bois à manche long.
◆ Une poche à douille.
À défaut d'en avoir une, voici comment confectionner une poche à douille en papier. Coupez un rectangle de papier sulfurisé de 20 x 25 cm. Pliez-le en deux pour former un triangle et coupez-le pour obtenir deux triangles. Un seul triangle servira pour la poche. Tenez le triangle en plaçant l'angle droit en bas, à votre gauche. Prenez le coin inférieur droit dans la main gauche et le coin supérieur dans la main droite. Formez un cône en amenant votre main droite derrière la gauche. Rabattre la languette de papier qui dépasse à l'intérieur. Coupez la pointe de la poche avec un ciseau. Il ne reste plus qu'à la remplir de chocolat fondu.

Cinq conseils pratiques pour travailler le chocolat

1. Le chocolat fond plus rapidement lorsqu'il est haché. La méthode la plus sûre pour faire fondre le chocolat est au bain-marie. Toutefois, si on le surveille, le chocolat peut fondre merveilleusement bien au micro-ondes et ce, en quelques secondes.
2. Faites attention lorsque vous faites fondre du chocolat. Trop de chaleur ou la moindre goutte d'eau suffiront à faire durcir le chocolat et à le rendre granuleux. Pour le récupérer, y ajouter un peu d'huile et le remuer jusqu'à ce qu'il redevienne lisse.
3. Pour râper du chocolat, tenez le morceau dans un papier sulfurisé pour éviter qu'il ne fonde dans votre main.
4. Pour tremper les friandises, les fruits ou les noix dans le chocolat fondu, utilisez deux fourchettes et laissez égoutter l'excès de chocolat au-dessus du bol.
5. Les moules en chocolat sont très élégants et faciles à réaliser. Versez 1 cuil. à café de chocolat fondu dans un petit moule en papier d'aluminium. Étalez le chocolat sur le fond et les côtés du moule avec un pinceau puis déposez-le à l'envers sur une grille et laissez durcir. Il suffit alors de retirer délicatement le moule en aluminium.

CONSERVATION DES CHOCOLATS

Les chocolats se conservent dans un endroit frais et sec. S'il fait chaud, les placer dans le réfrigérateur, loin d'autres aliments et protégés par une feuille de plastique ou de papier d'aluminium.

Les bons bonbons d'autrefois

À chacun son bonbon! Pour certains, la gomme au miel évoque de délicieux moments de l'enfance, pour d'autres, croquer un caramel rappelle les gâteries de grand-maman. Dans ce chapitre, vous retrouverez plusieurs bonbons chargés de traditions et de doux souvenirs.

Caramel mou aux raisins

Préparation : 10 minutes
Temps de cuisson : 25 minutes
Pour 36 caramels

3/4 de tasse de raisins secs
2 cuil. à soupe de rhum
1 tasse de sucre
2 tasse de cassonade
250 ml de lait
60 g de beurre
1 cuil. à café d'extrait de vanille

1. Beurrer un moule de 20 cm. Tapisser de papier d'aluminium et beurrer le papier.
2. Mélanger les raisins et le rhum. Réserver.
3. Dans une casserole, faire chauffer le sucre, la cassonade, la crème, le beurre et l'extrait de vanille à feu moyen en remuant, jusqu'à ce que les sucres soient dissous. Porter à ébullition et laisser bouillir jusqu'à ce que le thermomètre de confiseur indique 110 °C. Détacher les cristaux de sucre des parois de la casserole avec un pinceau trempé dans l'eau chaude. Ajouter les raisins et le rhum. Laisser la température revenir à 110 °C. Retirer immédiatement du feu.
4. Fouetter au batteur électrique 3 minutes ou jusqu'à ce que ce soit très épais. Verser dans le moule et laisser refroidir. Couper en carrés. Se conservent 1 semaine dans un récipient bien fermé en un lieu frais et sec.

De gauche à droite : loukoums (p. 8), gomme au miel (p. 9) et caramel mou aux raisins

1. Dans un bol, mélanger les zestes d'orange et de citron, le jus de fruits, le sucre et l'eau.

2. Nettoyer les parois de la casserole avec un pinceau trempé dans l'eau chaude.

Loukoums

Préparation : 30 minutes + 1 nuit
Temps de cuisson : 20 minutes
Pour 50 loukoums

Zeste de 1 citron
Zeste de 1 orange
60 ml de jus d'orange
2 cuil. à soupe de jus de citron
3 tasses de sucre
125 ml d'eau
2 cuil. à soupe de gélatine
250 ml d'eau froide supplémentaire
2/3 de tasse de farine de maïs
3 à 4 gouttes d'eau de fleur d'oranger ou d'eau de rose
Colorant alimentaire rouge
1/2 tasse de sucre glace

1. Tapisser un moule carré profond de 18 cm de papier d'aluminium, en laissant le papier dépasser du moule. Beurrer le papier d'aluminium.
2. Dans une casserole, mélanger les zestes et les jus d'agrumes, le sucre et 1/4 de tasse d'eau. Cuire le sirop à feu moyen en remuant pour faire dissoudre le sucre. Porter à ébullition et laisser bouillir environ 5 minutes sans remuer jusqu'à ce que le thermomètre de confiseur indique 105 °C. Nettoyer les parois de la casserole de temps à autre avec un pinceau trempé dans l'eau chaude. Retirer immédiatement du feu.
3. Faire gonfler la gélatine 5 minutes dans 1/2 tasse d'eau froide. Faire fondre au bain-marie et laisser tiédir. Dans un bol, délayer la farine de maïs dans l'eau froide qui reste.
4. Ajouter le mélange de gélatine et celui de farine dans le sirop. Cuire à feu moyen en remuant jusqu'à ébullition du mélange. Incorporer l'eau de fleur d'oranger ou d'eau de rose et quelques gouttes de colorant alimentaire.
5. Passer le mélange dans un tamis au-dessus du moule. Égaliser la surface. Mettre au réfrigérateur une nuit. Couper en carrés avec un couteau bien tranchant. Rouler les carrés dans le sucre glace. Conserver dans une récipient bien fermé en séparant les couches de carrés par du papier sulfurisé.

LES CONSEILS DU CHEF

Quand on ajoute du bicarbonate de soude, il se produit une effervescence qui donne à la gomme sa texture spongieuse. Remuer rapidement si le mélange tend à déborder.

3. Ajouter le mélange de gélatine et celui de farine au sirop.

4. Passer le mélange au tamis au-dessus du moule.

Gomme au miel

Préparation : 10 minutes + 2 heures pour durcir
Temps de cuisson : 12 minutes
Pour 28 morceaux

3 tasses de sucre
1 tasse de mélasse
125 ml d'eau
2 cuil. à soupe de bicarbonate de soude

1. Tapisser un grand moule de 38 x 28 x 5 cm de papier d'aluminium et beurrer le papier généreusement ou huiler avec un pinceau de pâtissier.
2. Dans une grande casserole d'au moins 6 litres, mélanger le sucre, la mélasse et l'eau.
3. Porter à ébullition et laisser bouillir environ 12 minutes, jusqu'à ce que le thermomètre de confiseur indique 137 °C. Nettoyer les parois de la casserole avec un pinceau trempé dans l'eau chaude. Retirer la casserole immédiatement du feu. Ajouter le bicarbonate de soude en remuant avec une cuillère en bois jusqu'à sa dissolution complète.
4. Verser dans le moule et laisser durcir dans un endroit frais. Retirer du moule. Enlever soigneusement le papier d'aluminium et casser en morceaux. Conserver dans un récipient bien fermé en un lieu frais et sec. Peut se conserver une semaine.

Cuisi-truc

Ne vous brûlez pas les doigts en manipulant le moule aussitôt qu'il a été rempli de gomme au miel. Faites-le tiédir auparavant (30 minutes environ).

Noix du Brésil au beurre

Préparation : 10 minutes
Temps de cuisson : 30 minutes
Pour 24 noix

2 tasses de sucre
125 ml d'eau
2 cuil. à soupe de glucose liquide
125 g de beurre en morceaux
1 cuil. à soupe de vinaigre blanc
1 tasse de noix du Brésil entières

1. Beurrer une grande plaque ou la huiler généreusement avec un pinceau à pâtisserie.
2. Dans une casserole, faire chauffer le sucre et l'eau à feu moyen en remuant, jusqu'à ce que le sucre soit dissout. Retirer les cristaux de sucre des parois de la casserole avec un pinceau trempé dans l'eau chaude. Porter à ébullition. Ajouter le sirop de glucose et le beurre. Mélanger pour

faire fondre le beurre.
Laisser bouillir puis réduire le feu et laisser mijoter 25 minutes environ jusqu'à ce que le thermomètre de confiseur indique 140 °C. Retirer du feu.
3. Disposer les noix sur la plaque en laissant suffisamment d'espace entre elles. Verser une cuillerée du caramel sur chaque noix de façon à les couvrir. Laisser durcir. Conserver entre des feuilles de papier sulfurisé dans un récipient bien fermé à la température de la pièce.

Note :
On peut utiliser une autre variété de noix ou un mélange de noix. La recette est délicieuse également avec des pignons.

Gelée de fruits au citron

Préparation : 5 minutes + 2 heures
Temps de cuisson : 10 minutes
Pour 40 morceaux

40 g de gélatine
100 ml d'eau froide
200 ml de jus de citron ou d'orange sans pulpe
2 cuil. à soupe de sucre
1/4 de tasse de sirop de glucose

1. Tapisser un moule carré de 20 cm de diamètre de feuille plastique.
2. Dans un bol, faire gonfler la gélatine dans l'eau froide. Dans une casserole, faire chauffer le jus, le sucre et le sirop de glucose à feu moyen en remuant, jusqu'à ce que le sucre soit dissous. Ajouter la gélatine gonflée et remuer sans arrêt pour la faire dissoudre.
3. Verser dans le moule et laisser prendre à la température ambiante.
4. Démouler. Retirer soigneusement la feuille de plastique. Découper la gelée en forme de diamants ou de carrés. Se conserve environ 4 jours dans un récipient bien fermé en un lieu frais et sec, ou au réfrigérateur s'il fait chaud.

Caramels en robe de chocolat

Préparation : 20 minutes + 2 heures
Temps de cuisson : 30 minutes
Pour 40 caramels

1 1/4 tasse de sucre
1 1/4 tasse de crème épaisse
2 cuil. à soupe de mélasse
60 g de beurre
1 1/3 tasse de chocolat noir, haché

1. Tapisser un moule à pain de 21 x 14 cm de papier d'aluminium. Beurrer le papier d'aluminium.
2. Dans une casserole, faire chauffer le sucre, la crème, la mélasse et le beurre à feu moyen en remuant, jusqu'à ce que le beurre soit fondu et que le sucre soit dissous. Nettoyer la paroi de la casserole avec un pinceau à pâtisserie.
3. Porter à ébullition, baisser légèrement le feu et laisser bouillir environ 20 minutes sans remuer jusqu'à ce que le thermomètre de confiseur indique 122 °C. Retirer immédiatement du feu.
4. Verser dans le moule et laisser tiédir. Former des carrés de 1 cm avec un couteau dans la masse encore tiède. Couper les carrés lorsque le caramel est bien refroidi.
5. Tapisser de papier d'aluminium une grande plaque. Faire fondre le chocolat au bain-marie.

De gauche à droite : noix du Brésil au beurre (p. 9), caramels en robe de chocolat, gelée de fruits au citron

Retirer du feu. À l'aide de deux fourchettes, tremper un caramel à la fois dans le chocolat fondu. Égoutter l'excès de chocolat et déposer sur la plaque. Laisser durcir. On peut conserver les caramels jusqu'à 4 semaines dans un récipient bien fermé en un lieu frais et sec.

Note :
Au lieu de tremper les caramels dans le chocolat, on peut les décorer seulement de chocolat fondu.

Cuisi-truc

Pour vérifier la cuisson du caramel, plonger une cuillerée du mélange dans l'eau glacée, puis le palper entre le pouce et l'index. La consistance doit être très dure. Sinon, prolonger la cuisson de quelques minutes.

Caramels

Préparation : 10 minutes +
30 minutes de réfrigération
Temps de cuisson : 20 minutes
Pour 36 caramels

125 g de beurre
1 2/3 tasse de lait concentré sucré
1 tasse de sucre
1/2 tasse de mélasse

1. Tapisser un moule carré de 18 cm de papier sulfurisé en laissant le papier dépasser du moule. Beurrer le papier.
2. Dans une casserole, faire chauffer le beurre, le lait concentré sucré, le sucre et la mélasse à feu doux en remuant, jusqu'à ce que le sucre soit dissous. Porter à ébullition et réduire légèrement le feu. Cuire de 15 à 20 minutes en battant sans arrêt, jusqu'à ce que le caramel devienne d'un beau doré foncé (voir note).
3. Verser dans le moule. Égaliser la surface. Placer au réfrigérateur 30 minutes ou attendre jusqu'à ce que ce soit ferme. Démouler et couper. On peut conserver les caramels dans un récipient bien fermé au réfrigérateur jusqu'à 3 semaines.

Note :
Il est important de remuer sans arrêt pour éviter que le caramel ne brûle dans le fond de la casserole. Si la température est trop élevée, le caramel brûlera rapidement. Un caramel insuffisamment cuit sera mou et collant.

Éclats de caramel aux cacahuètes

Préparation : 20 minutes
Temps de cuisson : 15 minutes
Pour 500 g de préparation

2 tasses de sucre
1 tasse de cassonade non tassée
1/2 tasse de mélasse
125 ml d'eau
60 g de beurre
2 tasses de cacahuètes grillées non salées

1. Tapisser un moule de 33 x 25 cm de papier sulfurisé. Beurrer le papier.
2. Dans une casserole, faire chauffer le sucre, la cassonade, la mélasse et l'eau à feu moyen en remuant, jusqu'à ce que le sucre soit dissous. Ajouter le beurre et remuer jusqu'à ce qu'il soit fondu. Porter à ébullition, puis réduire le feu et laisser bouillir environ 15 minutes sans remuer, jusqu'à ce que le thermomètre de confiseur indique 38 °C. Retirer immédiatement du feu. Vérifier la cuisson comme indiqué à la page 3 ou 11.
3. Incorporer les cacahuètes délicatement à l'aide d'une cuillère de bois. Pencher la casserole sur tous les côtés pour faciliter le mélange. Verser dans le moule. Égaliser la surface à l'aide d'une spatule de métal.
4. Déposer sur une grille pour laisser durcir. Lorsque le mélange est cassant, le briser en morceaux. Les éclats se conservent jusqu'à 3 semaines dans un récipient bien fermé en un lieu frais et sec.

Note :
On peut remplacer les cacahuètes par d'autres noix grillées non salées.

Nougat aux cerises

Préparation : 30 minutes
Temps de cuisson : –
Pour 26 morceaux

4 cuil. à soupe de lait concentré sucré
1 cuil. à café d'essence de vanille
1 cuil. à soupe de cassonade
3/4 de tasse de lait en poudre
2/3 de tasse de cerises confites, hachées
Sucre glace

1. Dans une terrine, mélanger le lait concentré sucré, l'essence de vanille et la cassonade. Incorporer le lait en poudre et les cerises. Mélanger à la cuillère de bois.
2. Déposer le mélange sur une surface légèrement saupoudrée de sucre glace. Pétrir jusqu'à ce que ce soit lisse. Diviser le mélange en deux. Rouler chaque moitié entre les paumes des mains pour former un rouleau de 2,5 cm d'épaisseur.

De gauche à droite : nougat aux cerises, éclats de caramel aux cacahuètes, caramels

Saupoudrer de sucre glace. Mettre au frais jusqu'à ce que ce soit ferme. Couper en morceaux de 2,5 cm. Se conserve jusqu'à 2 semaines dans un récipient bien fermé au réfrigérateur.

Note :
On peut ajouter aux cerises confites d'autres fruits confits de couleur différentes ou même des noix hachées.

CUISI-TRUC

Pour les grandes occasions, varier les couleurs en ajoutant à la masse quelques gouttes de colorant alimentaire.

Chocolats florentins

Préparation : 40 minutes
Temps de cuisson : 10 minutes
Pour 25 morceaux

50 g de beurre
2 cuil. à soupe de cassonade
1 cuil. à soupe de farine
1 tasse de flocons de maïs (type Corn Flakes)
2 cuil. à soupe de cerises confites hachées
2 cuil. à soupe de zestes d'orange et de citron mélangés
1/2 tasse de chocolat noir, haché

1. Préchauffer le four à 180 °C. Beurrer généreusement ou vaporiser d'huile en aérosol une grande plaque.
2. Dans une casserole, mélanger le beurre et la cassonade. Cuire à feu doux en remuant jusqu'à ce que le beurre soit fondu et que la cassonade soit dissoute. Retirer du feu.
3. Ajouter la farine, les flocons de maïs, les cerises et les zestes d'agrumes. Mélanger à la cuillère de bois jusqu'à ce que ce soit à peine mélangé. Pour chaque florentin, déposer 1 cuil. à café de mélange sur la plaque, en laissant suffisamment d'espace entre eux. Cuire

De gauche à droite : chocolats florentins, berlingots à la menthe (p. 16 et 17), fruits en massepain, boules au rhum

au four environ 10 minutes jusqu'à ce que ce soit croustillant et légèrement doré. Laisser refroidir sur la plaque.
4. Fondre le chocolat au bain-marie. Laisser tiédir. Étendre le chocolat sur le côté non bombé des florentins. Déposer le côté bombé sur une grille pour laisser refroidir le chocolat. Les florentins se conservent jusqu'à deux semaines dans un récipient bien fermé en un lieu sec et frais.

Note :
Vous pouvez remplacer les cerises confites par vos fruits confits préférés ou quelques noix hachées.

Berlingots à la menthe

Préparation : 1 heure
Temps de cuisson : 15 minutes
Pour 30 berlingots

2 tasses de sucre
4 cuil. à soupe d'eau
50 g de beurre
1 cuil. à soupe de glucose liquide
Essence de menthe
Colorant alimentaire vert

1. Huiler une plaque ou une planche de marbre.
2. Dans une casserole, faire chauffer le sucre, l'eau, le beurre et le glucose à feu moyen, jusqu'à ce que le sucre soit dissous. Nettoyer les parois de la casserole de temps à autre avec un pinceau trempé dans l'eau chaude. Porter à ébullition, puis baisser le feu légèrement et laisser bouillir environ 15 minutes sans remuer jusqu'à ce que le thermomètre de confiseur indique 138 °C. Retirer immédiatement du feu. Laisser refroidir légèrement.
3. Verser sur la plaque. Ajouter quelques gouttes d'essence de menthe et de colorant vert. Lorsque que le mélange commence à refroidir, ramener les côtés vers l'intérieur avec une spatule métallique. Répéter jusqu'à ce que le mélange soit assez froid pour être travaillé avec les mains.
4. Étirer le sirop pour former un rouleau. Le tordre jusqu'à ce qu'il soit dur et satiné. Couper en morceaux de 2 cm avec des ciseaux. Laisser durcir sur la plaque. Les berlingots se conservent 2 semaines dans un récipient bien fermé.

Note :
Informez-vous auprès de votre pâtissier ou chez les spécialistes en confiserie pour vous procurer du glucose liquide.

1. Faire chauffer le sucre, l'eau, le beurre et le glucose à feu moyen.

2. Lorsque le mélange commence à refroidir, ramener les côtés vers l'intérieur avec une spatule.

Fruits en massepain

Préparation : 1 heure
Temps de cuisson : –
Pour 10 à 12 morceaux

200 g d'amandes moulues
1 tasse de sucre glace, tamisé
1 blanc d'œuf, légèrement battu
1/2 cuil. à café de glucose liquide
5 gouttes d'arôme d'amande ou plus au goût
Colorant alimentaire

1. Dans un bol, mélanger les amandes et le sucre. Faire un puits au centre. Ajouter le blanc d'œuf. Mélanger à la cuillère de bois. Ajouter l'arôme d'amande et mélanger. Déposer sur une surface de travail légèrement saupoudrée de sucre glace et pétrir 5 minutes jusqu'à ce que ce soit lisse. Couvrir d'une feuille de plastique et mettre au frais 15 minutes.
2. Façonner des fruits tels que des bananes, des citrons, des oranges, des pommes, des poires, des fraises et des cerises. Déposer sur une plaque. Laisser sécher 30 minutes. Peindre avec un petit pinceau et du colorant alimentaire de différentes couleurs. Laisser sécher. Se conserve couvert et au réfrigérateur jusqu'à 4 semaines.

Boules au rhum

Préparation : 40 minutes
Temps de cuisson : 3 minutes
Pour 30 boules

1 tasse de gâteau au chocolat, émietté
1/4 de tasse de noix moulues
1 cuil. à soupe de mélasse
1 cuil. à soupe de rhum
80 g de beurre, fondu
1/4 de tasse de chocolat noir, râpé
1/2 tasse de vermicelles au chocolat
1 cuil. à soupe de confiture de mûres

1. Tapisser une grande plaque de papier d'aluminium.
2. Dans un bol, mélanger les miettes de gâteau au chocolat, les noix moulues, la mélasse et le rhum. Faire un puits au centre.
3. Dans une petite casserole, faire fondre le beurre et la confiture. Verser le beurre fondu et la confiture au centre des ingrédients secs. Mélanger à la cuillère de bois. Ajouter le chocolat râpé et bien mélanger.
4. Former 30 boules avec les mains en calculant 2 cuil. café de mélange par boule. Rouler les boules dans les vermicelles au chocolat. Les déposer sur la plaque et tenir au frais jusqu'à ce qu'elles soient fermes. Se conservent jusqu'à 3 semaines dans un récipient bien fermé au réfrigérateur.

3. Étirer le sirop pour former un rouleau, le tordre jusqu'à ce qu'il soit dur et satiné.

4. Couper en morceaux de 2 cm avec des ciseaux.

La fête aux friandises

Pour apporter un brin de fantaisie aux goûters d'anniversaire, voici 16 façons de faire plaisir aux enfants. Un régal pour les yeux et le palais! Des pommes d'amour et du maïs soufflé au caramel dans la plus pure tradition…
Et bien sûr, faciles à préparer.

Caramels à la noix de coco

Préparation : 10 minutes
Temps de cuisson : 25 minutes
Pour 24 caramels

4 tasses de sucre
250 ml d'eau
1 cuil. à soupe de vinaigre blanc
Noix de coco râpée ou mini-billes colorées

1. Dans une casserole, faire chauffer le sucre, l'eau et le vinaigre à feu moyen en remuant, jusqu'à ce que le sucre soit dissous. Porter à ébullition, puis réduire le feu et laisser bouillir environ 15 minutes sans remuer jusqu'à ce que le thermomètre de confiseur indique 138 °C. Nettoyer les parois de la casserole avec un pinceau trempé dans l'eau chaude pour éviter la cristallisation du sucre. Vérifier la cuisson comme indiqué à la page 3 ou 11. Retirer immédiatement du feu.

2. Verser dans des petits moules beurrés. Décorer au goût de noix de coco râpée ou de mini-billes colorées. Laisser durcir à la température ambiante. Se conservent jusqu'à une semaine dans une boîte hermétique en un lieu frais et sec.

Note :
Pour empêcher le caramel de brûler, utilisez une casserole à fond épais.

De gauche à droite : caramels à la noix de coco, pommes d'amour, guimauves à la noix de coco (p. 20)

1. Pour les pommes d'amour, introduire les bâtonnets jusqu'au cœur de la pomme.

2. Incorporer la crème de tartre et le colorant alimentaire au sirop.

Pommes d'amour

Préparation : 15 minutes
Temps de cuisson : 20 minutes
Pour 15 pommes

15 petites pommes rouges parfaites, équeutées, lavées et séchées
15 bâtonnets en bois
4 tasses de sucre
250 ml d'eau
1 cuil. à soupe de colorant alimentaire rouge

1. Tapisser une grande plaque de papier d'aluminium et beurrer généreusement.
2. Introduire les bâtonnets jusqu'au cœur de la pomme pour bien fixer.
3. Dans une casserole, faire chauffer le sucre et l'eau à feu moyen en remuant, jusqu'à ce que le sucre soit dissous. Ajouter le colorant alimentaire. Porter à ébullition et laisser bouillir environ 15 minutes sans remuer jusqu'à ce que le thermomètre de confiseur indique 138 °C. Vérifier la cuisson. Retirer immédiatement du feu.
4. En travaillant rapidement, enrober les pommes de sirop, une à la fois, en les tenant par le bâton. Égoutter et déposer sur la plaque. Laisser durcir à la température de la pièce. Envelopper de cellophane et attacher avec un joli ruban.

Note :
À défaut de bâtonnets, utiliser des brochettes en bois.

Guimauves à la noix de coco

Préparation : 25 minutes + 1 nuit
Temps de cuisson : 3 minutes
Pour 36 morceaux

1 1/2 tasse de sucre
125 ml d'eau
5 cuil. à café de gélatine
125 ml d'eau froide
1 cuil. à café d'essence de vanille
3/4 de tasse de noix de coco râpée

1. Tapisser un moule de 33 x 23 cm de papier d'aluminium et beurrer généreusement.
2. Dans une terrine, battre le sucre et l'eau 3 minutes au batteur électrique.
3. Dans un bol, faire gonfler la gélatine dans l'eau froide. Faire fondre au bain-marie. Incorporer au mélange de sucre. Battre 10 minutes au batteur électrique, jusqu'à ce que le mélange soit épais et

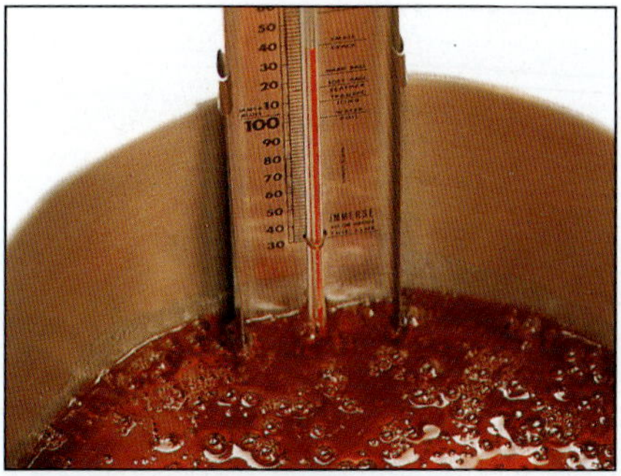

3. Laisser bouillir jusqu'à ce que le thermomètre de confiseur indique 138° C.

4. En travaillant rapidement, enrober chaque pomme de sirop.

blanc. Ajouter l'essence de vanille. Verser dans le moule et égaliser la surface. Laisser prendre toute une nuit à la température de la pièce.
4. Préchauffer le four à 180 °C. Étendre la noix de coco sur une plaque et faire griller au four environ 5 minutes, jusqu'à ce que ce soit doré. Laisser refroidir.
5. Couper la guimauve en cubes et démouler. Pour les enrober de noix de coco, déposer la noix de coco grillée dans un sac en plastique, ajouter quelques cubes de guimauve à la fois et secouer. Se conservent jusqu'à une semaine dans un récipient hermétique.

Note :
Surveiller la noix de coco pendant la cuisson pour éviter qu'elle prenne une couleur trop foncée.

Carrés divins

Préparation : 10 minutes
Temps de cuisson : 5 minutes
Pour 36 morceaux

1/4 de tasse de noix de coco râpée
1/2 tasse de grosses ou de petites guimauves blanches
1/2 tasse de grosses ou de petites guimauves roses ou de couleurs
1/2 tasse de noix diverses non salées
375 g de chocolat au lait, fondant

1. Tapisser un moule de 28 x 18 cm de papier sulfurisé.
2. Saupoudrer le fond du moule de la moitié de noix de coco.
3. Pour les grosses guimauves, les couper en deux. Disposer les petites ou les grosses guimauves coupées en deux dans le moule en alternant les couleurs et en laissant de l'espace entre chacune. Saupoudrer du reste de noix de coco et des noix.
4. Faire fondre le chocolat au bain-marie. Laisser tiédir.
5. Verser le chocolat entre les guimauves. Laisser durcir. Couper en carrés avec un couteau aiguisé.
Se conservent jusqu'à 2 semaines dans une boîte hermétique en un lieu frais.

Cuisi-truc
On trouve de plus en plus de colorants naturels. Renseignez-vous auprès des boutiques spécialisées ou de votre pharmacien.

Penuche
Rocky Road

Péchés mignons aux noix de pécan

Préparation : 10 minutes + 2 heures
Temps de cuisson : 25 minutes
Pour 24 péchés mignons

2 tasses de cassonade
1 1/2 tasse de babeurre
90 g de beurre
1 tasse de noix de pécan en morceaux
1 cuil. à café d'extrait de vanille

1. Beurrer ou huiler généreusement une grande plaque.
2. Dans une casserole, faire chauffer la cassonade et le babeurre à feu doux en remuant, jusqu'à ce que le sucre soit dissous. Nettoyer les parois de la casserole avec un pinceau trempé dans l'eau chaude. Porter à ébullition, puis baisser le feu et laisser bouillir 20 minutes sans remuer jusqu'à ce que le thermomètre de confiseur indique 115 °C. Vérifier la cuisson comme indiqué à la page 3 ou 11. Retirer immédiatement du feu. Ajouter le beurre, mélanger et laisser refroidir 15 minutes sans remuer.
3. Ajouter les noix de pécan et l'extrait de vanille. Battre vigoureusement 3 minutes à la cuillère de bois. Déposer par 1 cuil. à café rase sur la plaque. Laisser se solidifier à la température de la pièce. Les péchés mignons aux noix de pécan sont des caramels mous, leur consistance ne deviendra jamais dure et craquante. Se conservent jusqu'à une semaine dans un récipient hermétique en un lieu sec et frais.

Sucre à la crème

Préparation : 15 minutes + 2 heurs 30
Temps de cuisson : 30 minutes
Pour 36 carrés

1 1/2 tasse de cassonade
300 ml de crème épaisse
1 cuil. à café d'extrait de vanille

1. Tapisser un moule carré de 20 cm de papier sulfurisé en laissant le papier dépasser. Beurrer ou huiler le papier.
2. Dans une casserole, faire chauffer la cassonade et la crème à feu moyen en remuant, jusqu'à ce que le sucre soit dissous. Enlever les cristaux de sucre sur les parois de la casserole avec un pinceau à pâtisserie trempé dans l'eau chaude. Porter à ébullition et laisser bouillir environ 25 minutes sans remuer, jusqu'à ce que le thermomètre de confiseur indique 115 °C. Vérifier la cuisson selon les indications de la page 3 ou 11. Retirer immédiatement du feu.
3. Laisser refroidir 30 minutes dans la casserole. Ajouter l'extrait de vanille. Battre 5 minutes à la cuillère de bois.
4. Verser et presser dans le moule. Égaliser la surface. Laisser durcir à la température de la pièce environ 2 heures. Démouler à l'aide du papier sulfurisé. Couper en carrés. Se conserve jusqu'à 2 semaines dans un récipient bien fermé en un lieu frais et sec.

De gauche à droite : sucre à la crème, péchés mignons aux noix de pécan et carrés divins (p. 21)

CUISI-TRUC

Une cuillère de bois à long manche est idéale pour remuer les sirops et les mélanges chauds tels que le sucre à la crème et le caramel mou.

Croquants aux cacahuètes

Préparation : 15 minutes + 2 heures de réfrigération
Temps de cuisson : 5 minutes
Pour 40 croquants

1 tasse de biscuits au chocolat
1/4 de tasse de cacahuètes non salées (facultatif)
1/2 tasse de chocolat noir, haché
60 g de beurre
1/2 tasse de beurre de cacahuète crémeux

1. Tapisser un moule de 27 x 18 cm de papier sulfurisé. Beurrer le papier.
2. Déposer les biscuits dans un sac de plastique. Les écraser avec un rouleau à pâtisserie sans trop les émietter. Dans une terrine, mélanger les biscuits avec les cacahuètes.
3. Dans une casserole, faire chauffer le chocolat, le beurre et le beurre de cacahuète à feu doux en remuant, jusqu'à ce que le mélange soit homogène et nappe la cuillère en bois. Verser dans le mélange de biscuits. Bien mélanger. Étendre dans le moule et presser avec le dos d'une cuillère pour égaliser la surface. Mettre au frais 2 heures ou jusqu'à ce que ce soit ferme.
4. Démouler et retirer le papier sulfurisé. Couper en carrés avec un couteau à lame fine et tranchante. Les croquants se conservent jusqu'à une semaine dans un récipient hermétique en un lieu frais et sec.

Barres au muesli

Préparation : 10 minutes
Temps de cuisson : 25 minutes
Pour 24 barres

1 tasse de sucre
2 cuil. à soupe de miel
2 cuil. à soupe de sirop de glucose
50 g de beurre
75 ml d'eau
1 3/4 tasse de muesli non grillé

1. Tapisser un moule de 27 x 18 cm peu profond de papier sulfurisé et beurrer le papier.
2. Dans une casserole, faire chauffer le sucre, le miel, le sirop de glucose, le beurre et l'eau à feu moyen jusqu'à dissolution. Détacher les cristaux de sucre des parois de la casserole avec un pinceau à pâtisserie trempé dans l'eau chaude. Porter à ébullition, puis à feu moyen laisser bouillir 20 minutes sans remuer jusqu'à ce que thermomètre de confiseur indique 116 °C. Vérifier la cuisson selon les indications de la page 3 ou 11. Retirer immédiatement du feu.
3. Dans un bol en verre beurré, déposer le muesli. Y verser le caramel et mélanger rapidement. Verser dans le moule et égaliser la surface avec le dos d'une cuillère. Précouper 24 barres pendant que c'est encore chaud. Laisser refroidir et couper. Se conservent une semaine dans un récipient hermétique en un lieu frais et sec.

Friandises à la noix de coco

Préparation : 30 minutes
Temps de cuisson : –
Pour 30 friandises

2 1/2 tasses de sucre glace
1 blanc d'œuf, légèrement battu
1/4 de tasse de lait concentré sucré
1 3/4 tasse de noix de coco râpée
Colorant alimentaire rouge

1. Beurrer un moule à pain de 23 x 13 cm. Tapisser de papier sulfurisé et beurrer.
2. Dans une terrine, tamiser le sucre glace. Faire un puits au centre. Y verser le blanc d'œuf et le lait concentré sucré. Incorporer la moitié de la noix de coco à la cuillère de bois, puis le reste de noix de coco. Mélanger avec les mains. Diviser le mélange dans deux bols. Colorer une moitié en rose. Pétrir le mélange avec les mains pour bien répartir le colorant.
3. Presser le mélange dans le fond du moule. Couvrir du mélange non coloré et presser pour égaliser la surface. Mettre au frais

De gauche à droite : barres au muesli, friandises à la noix de coco, croquants aux cacahuètes

1 heure ou jusqu'à ce que ce soit pris. Vérifier la consistance de la masse avec un cure-dent ou la pointe d'un couteau. Couper en carrés. Se conservent jusqu'à 2 semaines dans un récipient hermétique en un lieu frais et sec.

Note :
Vous pouvez aussi ajouter de l'arôme de fraise au mélange rose.

Caramel mou au chocolat

Préparation : 10 minutes
Temps de cuisson : 10 minutes
Pour 64 caramels

1/2 tasse de chocolat noir à cuire, haché
125 g de beurre
1 1/2 tasse de sucre
2 cuil. à soupe de lait
1/2 tasse de noix, noisettes, amandes ou noix de pécan hachées

1. Tapisser un moule carré de 20 cm de papier sulfurisé en laissant dépasser le papier sur deux côtés. Beurrer le papier.
2. Dans une casserole, faire fondre le beurre. Ajouter le lait, le chocolat et le sucre. Cuire à feu moyen en remuant, jusqu'à ce que le sucre soit dissous. Porter à ébullition et laisser bouillir jusqu'à ce que le thermomètre de confiseur indique 114 °C. Retirer du feu et laisser refroidir 5 minutes.
3. Battre le caramel à la cuillère de bois jusqu'à ce qu'il épaississe. Ajouter les noix. Bien mélanger. Verser dans le moule et presser avec le dos d'une cuillère. Laisser refroidir. Lorsque le caramel est assez ferme, le retirer du moule à l'aide du papier sulfurisé. Enlever soigneusement le papier et couper en carrés. Se conserve 1 semaine dans un récipient bien fermé au réfrigérateur.

Caramel choc-top

Préparation : 20 minutes
Temps de cuisson : 20 minutes
Pour 36 caramels

2 tasses de sucre
250 ml de lait
3/4 de tasse de crème épaisse
4 cuil. à soupe de sirop de mélasse
1 cuil. à café d'extrait de vanille
1/3 de tasse de chocolat noir à cuire, haché

1. Tapisser un moule carré de 20 cm de papier sulfurisé en laissant dépasser le papier sur deux côtés. Beurrer le papier.
2. Dans une casserole, faire chauffer le sucre, le lait, la crème et la mélasse à feu moyen en remuant, jusqu'à ce que le sucre soit dissous. Détacher le sucre cristallisé des parois de la casserole avec un pinceau à pâtisserie trempé dans l'eau chaude. Porter à ébullition, réduire le feu et laisser bouillir 15 minutes sans remuer jusqu'à ce que le thermomètre de confiseur indique 115 °C. Vérifier la cuisson selon les indications de la page 3 ou 11. Retirer immédiatement du feu.
3. Laisser refroidir 5 minutes. Ajouter l'extrait de vanille. Battre vigoureusement 5 minutes à la cuillère de bois jusqu'à épaississement du mélange. Verser dans le moule. Égaliser la surface. Déposer sur une grille pour refroidir.
4. Faire fondre le chocolat au bain-marie. Étendre le chocolat sur le dessus du caramel à l'aide d'un couteau à lame plate. Laisser refroidir. Retirer du moule à l'aide du papier sulfurisé. Enlever soigneusement le papier et couper en carrés. Se conservent jusqu'à 2 semaines dans un récipient bien fermé en un lieu frais et sec.

Note :
Pour les goûters d'anniversaire ou de fête, décorez les caramels choc-top de vermicelles colorés ou de pistaches.

Caramel au chocolat (en haut), caramel choc-top (en bas)

Maïs soufflé au caramel

Préparation : 20 minutes
Temps de cuisson : 10 minutes
Pour 50 boules

2 cuil. à soupe d'huile de maïs
1/2 tasse de maïs à éclater
3/4 de tasse de sucre
80 g de beurre
2 cuil. à soupe de miel
2 cuil. à soupe de crème épaisse

1. Dans une casserole, chauffer l'huile. Ajouter le maïs à éclater et bien couvrir. Faire éclater le maïs en secouant la casserole de temps à autre, jusqu'à ce que les éclatements cessent. Déposer le maïs soufflé dans une terrine ou un saladier. Réserver.
2. Dans une casserole, faire chauffer le sucre, le beurre, le miel et la crème à feu moyen en remuant, jusqu'à ce que le sucre soit dissous. Détacher le sucre cristallisé de la paroi de la casserole avec un pinceau à pâtisserie trempé dans l'eau chaude. Porter à ébullition et laisser bouillir 5 minutes sans remuer.
3. Verser le caramel sur le maïs soufflé. Mélanger à l'aide de 2 cuillères de métal. Lorsque le mélange est assez froid pour être manipulé avec les mains, former des boules de la grosseur d'une balle de golf, les mains huilées. Déposer sur une grille pour les laisser prendre. Se conserve jusqu'à une semaine dans un récipient bien fermé en un lieu frais et sec.

Note :
Faites attention lorsque vous manipulez le caramel chaud : il doit être suffisamment chaud pour rester maléable mais pas trop pour ne pas brûler les doigts.

Maïs soufflé au caramel

1. Faire éclater le maïs en secouant de temps en temps.

2. Faire chauffer le sucre, le beurre, le miel et la crème à feu moyen.

3. Verser le caramel sur le maïs soufflé.

4. Former des boulettes de maïs (huiler les mains).

Bûchettes aux abricots

Préparation : 40 minutes
Temps de cuisson : –
Pour 24 bûchettes

1/2 tasse de cacahuètes grillées non salées
1/2 tasse de beurre de cacahuète croquant
1/3 de tasse d'abricots secs
1/4 de tasse de gingembre confit
2 cuil. à soupe de sucre glace
2 cuil. à soupe d'amandes effilées
1/4 de tasse de chocolat noir, haché

1. Dans le bol du robot, déposer les cacahuètes, le beurre de cacahuète, les abricots, le gingembre et le sucre glace. Actionner jusqu'à ce que le mélange soit lisse et sans grumeaux.
2. Avec les mains, rouler 2 cuil. à café du mélange en forme de bûchette. Former ainsi 24 bûchettes. Disposer les amandes effilées de manière à ce qu'elles se chevauchent sur le dessus de chaque bûchette.
3. Faire fondre le chocolat au bain-marie. Laisser tiédir. Verser le chocolat en zigzag sur les bûchettes. Mettre au frais jusqu'à ce que ce soit ferme. Se conservent jusqu'à 2 semaines dans un récipient bien fermé.

Barres aux pêches

Préparation : 40 minutes + 2 heures de réfrigération
Temps de cuisson : 15 minutes
Pour 40 barres

1 tasse de pêches ou d'abricots secs
1 cuil. à café de zeste d'orange râpé
1/2 tasse de jus d'orange
2 cuil. à soupe de cassonade
50 g de beurre
100 g de guimauves blanches
1/3 de tasse de noix de coco râpée
2 cuil. à soupe de flocons d'avoine
1/4 de tasse de chocolat instantané en poudre
1/2 tasse de lait en poudre
2/3 de tasse de noix de coco râpée

1. Chemiser un moule de 28 x 18 cm de papier sulfurisé. Beurrer le papier.
2. Dans une casserole, faire chauffer les pêches ou les abricots, le zeste et le jus d'orange, et la cassonade à feu doux, en remuant, jusqu'à ce que la cassonade soit dissoute. Porter à ébullition, puis réduire le feu et laisser bouillir environ 15 minutes, jusqu'à ce que le liquide soit absorbé et que les pêches ou les abricots soient mous. Ajouter le beurre et les guimauves. Remuer à la cuillère de bois jusqu'à ce que ce soit fondu et lisse. Retirer du feu et laisser refroidir.
3. Étendre la noix de coco et les flocons d'avoine sur une plaque. Faire griller sous le gril du four (attention à ne pas faire brûler). Déposer le mélange de fruits refroidi dans le bol du mixeur. Ajouter le chocolat instantané en poudre, le lait en poudre, la noix de coco et les flocons d'avoine. Actionner jusqu'à ce que le mélange soit lisse.
4. Étendre dans le moule et égaliser la surface avec les mains mouillées. Mettre au frais 2 heures ou jusqu'à ce que ce soit pris.
5. Démouler et retirer le papier sulfurisé. Couper en rectangles et rouler dans la noix de coco. Se conservent jusqu'à 2 semaines dans un récipient bien fermé, séparées par du papier sulfurisé.

Note :
Vous pouvez remplacer la noix de coco par un mélange de noix finement hachées.

Barres aux pêches (en haut), bûchettes aux abricots (en bas)

Nougat chocolaté

Préparation : 1 heure
Temps de cuisson :
30 minutes + 1 nuit de réfrigération
Pour 80 nougats

1 1/2 tasse de sucre
1 tasse de mélasse
2 cuil. à soupe d'eau
2 œufs, séparés
60 g de beurre
1/3 de tasse de chocolat noir, haché
2 cuil. à soupe d'extrait de malt

1. Tapisser un moule de 28 x 18 cm de papier sulfurisé. Beurrer ou huiler généreusement le papier.
2. Dans une casserole, faire chauffer le sucre, la mélasse et l'eau à feu moyen en remuant, jusqu'à ce que le sucre soit dissous. Détacher le sucre cristallisé des parois de la casserole avec un pinceau à pâtisserie trempé dans l'eau chaude. Porter à ébullition, puis réduire le feu et laisser bouillir environ 15 minutes sans remuer jusqu'à ce que le thermomètre de confiseur indique 124 °C. Vérifier la cuisson selon les indications de la page 3 ou 11. Retirer immédiatement du feu.
3. Dans un bol sec et propre, battre les blancs d'œufs en neige bien ferme. Ajouter lentement un quart du sirop chaud en battant sans arrêt, jusqu'à ce que le mélange soit épais et lustré, environ 5 minutes.
4. Remettre le reste du sirop sur le feu. Porter à ébullition et laisser bouillir jusqu'à ce que le thermomètre de confiseur indique 154 °C. S'assurer que la masse est bien cuite en plongeant une cuillerée de ce mélange dans l'eau froide. Palper ensuite avec les doigts. La consistance doit être bien ferme. Retirer immédiatement du feu. Ajouter lentement le sirop aux blancs d'œufs en battant sans arrêt, jusqu'à ce que le mélange soit épais. Ajouter les jaunes d'œufs et le beurre. Battre jusqu'à ce que ce soit bien mélangé. Utiliser de préférence un batteur électrique pour cette opération.
5. Verser dans le moule et égaliser la surface. Mettre au réfrigérateur toute une nuit. Lorsque le nougat est dur, le couper en morceaux égaux avec un couteau très tranchant trempé dans l'eau chaude.
6. Tapisser une plaque de papier sulfurisé. Faire fondre le chocolat au bain-marie. Laisser refroidir légèrement. À l'aide de deux fourchettes, tremper le nougat, morceau par morceau, dans le chocolat fondu. Égoutter l'excès de chocolat et déposer sur la plaque. Mettre au frais jusqu'à ce que ce soit dur. Se conserve une semaine en un lieu frais et sec.

Note :
Assurez-vous que le chocolat n'est pas trop chaud car il risquerait alors de faire fondre le nougat.

Noix enrobées de chocolat

Préparation : 20 minutes + 30 minutes de réfrigération
Temps de cuisson : 10 minutes
Pour 20 noix

1/2 tasse de chocolat noir à cuire, haché
1/2 tasse de noix diverses non salées concassées ou d'amandes hachées

1. Tapisser une plaque de papier d'aluminium.
2. Faire fondre le chocolat au bain-marie. Ajouter les noix et remuer jusqu'à ce que les noix soient bien enrobées. Retirer du feu.
3. Déposer des cuillerées à café rases du mélange sur la plaque. Mettre au frais 30 minutes ou jusqu'à ce que ce soit pris.
Se conservent une semaine dans un récipient hermétique en un lieu frais et sec, ou au réfrigérateur s'il fait chaud.

Nougat chocolaté (en haut), noix enrobées de chocolat (en bas)

Note : Pour une friandise encore plus croquante, faites griller les noix avant de les ajouter au chocolat fondu.

Cuisi truc

Pour faire griller les noix, déposez-les sur une plaque de four à 180°C environ 5 minutes jusqu'à ce qu'elles soient dorées.

Des friandises chocolatées

Voici le chocolat dans tous ses états et sous toutes ses formes ! Bretzels de chocolat, boules à la noix de coco, carrés aux noix… des friandises simples à réaliser et doublement chocolatées !

Chocolats marbrés

Préparation : 15 minutes
Temps de cuisson : 5 minutes
Pour 48 morceaux

1 1/4 tasse de chocolat blanc, haché
1 1/4 tasse de chocolat noir, haché
4 gouttes d'extrait d'orange

1. Beurrer et tapisser un moule rectangulaire de 28 x 18 cm de papier sulfurisé, en prenant soin de laisser dépasser le papier.
2. Faire fondre le chocolat blanc au bain-marie. Laisser tiédir. Déposer dans un bol. Faire fondre le chocolat noir au bain-marie. Ajouter 2 gouttes d'extrait d'orange dans les deux préparations. Bien mélanger.
3. Verser le chocolat blanc dans le moule en alternance avec le chocolat noir. Bouger légèrement le moule pour répartir le chocolat. Pour obtenir un effet marbré, promener une brochette ou une fourchette en zigzag dans le moule. Laisser durcir.
4. À l'aide du papier sulfurisé, retirer le chocolat du moule. Enlever délicatement le papier. Couper en carrés avec un couteau tranchant.
Se conservent jusqu'à un mois dans un récipient bien fermé en un lieu frais et sec ou au réfrigérateur s'il fait chaud.

Chocolats marbrés (en haut), fruits enrobés de chocolat (en bas), recette page 36

Fruits secs enrobés de chocolat

Préparation : 10 minutes
Temps de cuisson : 5 minutes
Pour 30 fruits

1 tasse de chocolat noir, haché
1 1/4 tasse de fruits secs mélangés

1. Tapisser une grande plaque de papier d'aluminium.
2. Faire fondre le chocolat au bain-marie. Laisser tiédir.
3. Ajouter les fruits secs et bien mélanger. Déposer le mélange par portions d'une cuillère à soupe sur la plaque. Laisser durcir. Se conservent jusqu'à 3 semaines dans une boîte bien fermée en un lieu frais et sec, ou au réfrigérateur s'il fait chaud.

CUISI-TRUC

Le chocolat fond bien au micro-ondes. Il suffit de le hacher, de le remuer avec une cuillère de bois de temps à autre et de bien le surveiller pour l'empêcher de cuire.

Dattes fourrées à la pâte d'amande

Préparation : 20 minutes
Temps de cuisson : 5 minutes
Pour 20 dattes

2 cuil. à soupe de sucre glace
50 g de pâte d'amande
20 g d'amandes en julienne
20 dattes dénoyautées
3/4 de tasse de chocolat noir, haché

1. Tapisser une grande plaque de papier d'aluminium.
2. Sur une surface saupoudrée de sucre à glacer, pétrir la pâte d'amande avec les amandes coupées en julienne. Former un rouleau de 20 cm de long. Couper en 20 morceaux.
3. Couper les dattes en deux sur la longueur. Farcir chaque demi-datte de pâte d'amande.
4. Faire fondre le chocolat au bain-marie. À l'aide de deux fourchettes, tremper les dattes, une à une, dans le chocolat fondu. Égoutter l'excès de chocolat. Déposer sur la plaque. Laisser durcir. Se conservent jusqu'à 3 semaines dans un récipient bien fermé en un lieu frais et sec, ou au réfrigérateur s'il fait chaud.

Bouchées au gingembre

Préparation : 10 minutes
Temps de cuisson : 5 minutes
Pour 18 bouchées

3/4 de tasse de chocolat noir à cuire, haché
1 tasse de gingembre confit en morceaux

1. Tapisser une grande plaque de papier d'aluminium.
2. Faire fondre le chocolat au bain-marie.
3. Ajouter le gingembre et bien mélanger. Déposer le mélange par 1 cuillère à soupe sur la plaque. Laisser durcir à température ambiante. Se conservent jusqu'à 4 semaines dans une boîte hermétique en un lieu frais et sec, ou au réfrigérateur s'il fait chaud.

Note :
Le gingembre cristallisé est beaucoup trop sucré pour cette recette.

Bouchées au gingembre (en haut), dattes fourrées à la pâte d'amande (en bas)

Réglisse chocolatée

Préparation : 20 minutes
Temps de cuisson : 10 minutes
Pour 44 morceaux

6 bâtonnets de réglisse torsadée d'environ 30 cm chacun
2/3 de tasse de chocolat noir, haché
1/4 de tasse de chocolat blanc

1. Tapisser une grande plaque de papier d'aluminium. Couper la réglisse en morceaux de 4 cm.
2. Faire fondre le chocolat noir au bain-marie. Laisser tiédir. À l'aide de deux fourchettes, tremper les morceaux de réglisse, un à un, dans le chocolat. Égoutter l'excès de chocolat. Les déposer sur la plaque. Laisser prendre à température ambiante.
3. Faire fondre le chocolat blanc au bain-marie. Laisser légèrement refroidir. Décorer la réglisse chocolatée de chocolat blanc. Laisser durcir à la température de la pièce. Se conserve jusqu'à 4 semaines dans un récipient bien fermé en un lieu frais et sec, ou au réfrigérateur s'il fait chaud.

Réglisse chocolatée (en haut), carrés magiques (en bas)

Carrés magiques

Préparation : 20 minutes + 1 heure de réfrigération
Temps de cuisson : 10 minutes
Pour 56 carrés

125 g de beurre
1/2 tasse de sucre
1/2 tasse de biscuits écrasés
1 tasse de noix concassées
1/2 tasse de cacao
1 œuf, légèrement battu
1/2 tasse de chocolat noir, haché

1. Tapisser un moule de 28 x 18 cm de papier sulfurisé, en laissant le papier dépasser sur deux côtés. Beurrer le papier.
2. Dans une casserole, faire chauffer le beurre et le sucre à feu moyen en remuant, jusqu'à ce que beurre soit fondu et le sucre dissous.
3. Réduire le feu. Ajouter les biscuits écrasés, les noix concassées et le cacao. Remuer jusqu'à ce que ce soit bien mélangé. Retirer du feu et laisser tiédir. Incorporer l'œuf battu (voir note) et bien battre à la cuillère de bois. Verser dans le moule et presser fermement avec le dos d'une cuillère pour égaliser la surface.
4. Faire fondre le chocolat au bain-marie. Verser également dans le moule. Décorer de morceaux de noix, si désiré. Mettre au frais 1 heure.
5. Démouler à l'aide du papier sulfurisé. Couper en petits carrés.
Se conservent jusqu'à 2 semaines dans un récipient bien fermé en un lieu frais et sec, ou au réfrigérateur s'il fait chaud.

Note :
Il est important d'ajouter l'œuf lorsque le mélange est tiède car s'il est trop chaud, l'œuf pourrait cuire et ainsi former des grumeaux.

1. Ajouter le sucre petit à petit sans cesser de battre.

2. À l'aide d'une poche munie d'une douille en forme d'étoile, former des étoiles sur la plaque.

Meringues en rosettes

Préparation : 30 minutes
Temps de cuisson : 1 heure 30
Pour 36 meringues

3 blancs d'œufs
3/4 tasse de sucre
1/2 cuil. à café de vinaigre blanc
1/4 tasse de chocolat noir, haché
20 g de graisse végétale

1. Préchauffer le four à 100 °C. Beurrer deux grandes plaques et les tapisser de papier sulfurisé. Beurrer le papier.
2. Dans un bol propre et sec, battre les blancs d'œufs en neige molle.
3. Ajouter le sucre graduellement sans cesser de battre. Ajouter le vinaigre Battre jusqu'à obtention d'une neige ferme.
4. Avec une poche à douille en étoile, déposer de petites rosettes pointues sur les plaques. À défaut de poche à douille, on peut déposer des cuillerées du mélange sur les plaques et donner une forme de rosette avec une cuillère. Cuire au four 1 heure 30 ou jusqu'à ce que les meringues soient sèches et croustillantes. Éteindre le four. Laisser refroidir les meringues dans le four.
5. Faire fondre le chocolat et la graisse végétale au bain-marie.
6. Tenir les rosettes par la base et en tremper la pointe dans le chocolat fondu. Déposer sur une grille et laisser durcir. Se conservent jusqu'à 3 semaines dans une boîte bien fermée en un lieu frais et sec.

Meringues en rosettes

Note :
Vous pouvez remplacer le chocolat noir par du chocolat au nougat ou tout autre glaçage de couleur.

CUISI-TRUC

La cuisson de la meringue s'effectue à très basse température pour qu'elle reste blanche. En sortant du four, elle doit être blanche tirant sur le beige pâle, craquante et friable. Les meringues cuites se congèlent bien jusqu'à 6 mois.

3. Faire fondre le chocolat au bain-marie.

4. Tremper le sommet des meringues dans le chocolat.

Barre de gomme et chocolat

Préparation : 25 minutes
Temps de cuisson : 5 minutes
Pour 16 tranches

3/4 de tasse de chocolat noir à cuire
40 g de gomme, hachée grossièrement (recette p. 8)
1/4 de tasse de noix de pécan, hachées grossièrement

1. Tapisser un moule de 21 x 11 cm de papier sulfurisé en laissant le papier dépasser sur deux côtés.
2. Faire fondre le chocolat au bain-marie. Laisser tiédir. Ajouter la gomme et les noix hachées. Remuer délicatement à la cuillère de bois jusqu'à ce que ce soit bien enrobé de chocolat.
3. Verser dans le moule. Égaliser la surface. Mettre au frais jusqu'à ce que ce soit ferme. Démouler à l'aide du papier sulfurisé. Retirer le papier et couper en tranches fines. Se conserve 2 semaines dans un récipient bien fermé en un lieu frais et sec, ou au réfrigérateur s'il fait chaud.

Mignardises à la pistache

Préparation : 50 minutes
Temps de cuisson : 5 minutes
Pour 28 mignardises

2/3 de tasse de chocolat blanc, râpé
28 petits moules en aluminium
1/2 tasse de fromage à la crème
2 cuil. à soupe de sucre glace, tamisé
40 g de beurre mou
2 cuil. à soupe d'amandes moulues
2 cuil. à soupe de pistaches moulues
1/4 de tasse de chocolat noir, râpé
Chocolat râpé pour décorer

1. Faire fondre le chocolat au bain-marie. Laisser refroidir légèrement. Verser 1 cuil. à café de chocolat fondu dans chaque moule. Étaler une cuillère à soupe de chocolat sur le fond et les côtés du moule avec un pinceau pour napper complètement le moule. Déposer à l'envers sur une grille et laisser durcir.
2. Dans un bol, battre le fromage (pas trop froid) jusqu'à ce qu'il soit lisse et crémeux. Ajouter le sucre glace et le beurre. Battre 2 minutes, jusqu'à ce que le mélange soit lisse et onctueux. Incorporer les amandes, les pistaches et le chocolat râpé à la cuillère de bois.
3. Lorsque les moules en chocolat sont durs, retirer soigneusement le moule en aluminium. Y déposer le mélange de fromage à l'aide d'une cuillère ou d'une poche à douille. Saupoudrer de chocolat râpé. Se conservent jusqu'à une semaine dans un récipient bien fermé au réfrigérateur.

Barre de gomme et chocolat (en haut), mignardises à la pistache (en bas)

CUISI-TRUC

Le cacao permet de réaliser des sucreries de professionnels. Que seraient les truffes si elles n'étaient pas roulées dans le cacao? Une pluie de cacao permet de décorer les gâteaux et les desserts. Pour obtenir une saveur sucrée, mélanger le cacao avec un peu de sucre glace.

Carrés aux noix

Préparation : 20 minutes
Temps de cuisson : 5 minutes
Pour 30 carrés

1 tasse de biscuits secs, écrasés
1 tasse de noix de coco râpée
1/2 tasse de cacao
2/3 de tasse de noix de macadam, écrasées
1 1/4 tasse de lait concentré sucré
60 g de beurre, fondu
1/3 de tasse de chocolat blanc, râpé (facultatif)

1. Tapisser un moule carré de 20 cm de papier sulfurisé en laissant dépasser le papier sur deux côtés. Beurrer le papier.
2. Dans une terrine, mélanger les biscuits écrasés, la noix de coco, le cacao et les noix. Faire un puits au centre et y verser le lait concentré sucré et le beurre fondu. Remuer jusqu'à ce que ce soit bien mélangé.
3. Verser dans le moule et presser fermement. Égaliser la surface avec le dos d'une cuillère. Mettre au frais 1 heure, jusqu'à ce que le mélange soit ferme.
4. Faire fondre le chocolat blanc au bain-marie. Décorer de chocolat fondu. Laisser refroidir à la température de la pièce. Démouler à l'aide du papier sulfurisé. Retirer le papier et couper en carrés. Se conservent jusqu'à 2 semaines dans un récipient hermétique en un lieu frais et sec, ou au réfrigérateur s'il fait chaud.

Fruits confits chocolatés

Préparation : 45 minutes
Temps de cuisson : 5 minutes
Pour 15 fruits

1/2 tasse de poires confites ou autres fruits confits
1/2 tasse de pêches confites ou autres fruits confits
1/2 tasse de chocolat noir, haché
1/4 de tasse de chocolat blanc

1. Tapisser une plaque de papier sulfurisé. Si les fruits confits sont très gros, les couper en deux ou trois morceaux.
2. Faire fondre le chocolat noir au bain-marie. Laisser tiédir.
3. Tremper un bout des fruits dans le chocolat. Égoutter l'excès de chocolat. Déposer sur la plaque préparée. Laisser durcir à la température de la pièce.
4. Faire fondre le chocolat blanc au bain-marie. Laisser refroidir légèrement. Avec une poche à douille ou une fourchette, décorer la partie chocolatée de chocolat blanc. Laisser prendre à la température de la pièce. Se conservent jusqu'à 3 semaines dans un récipient bien fermé en un lieu frais et sec.

Note :
Vous pouvez utiliser des noix de pécan ou des pignons à la place des noix de macadam.

Carrés aux noix (en haut, Fruits confits chocolatés (en bas)

Cuisi-truc
À défaut d'une poche à douille, voyez comment confectionner une poche en papier (page 4). Variez la décoration de vos chocolats ou friandise. Ils n'en seront que plus appétissants !

Bretzels au chocolat (à gauche), gaufrettes au chocolat et aux noisettes (à droite)

Bretzels au chocolat

Préparation : 25 minutes
Temps de cuisson : 5 minutes
Pour 20 bretzels

1/2 tasse de chocolat noir, haché
2 cuil. à soupe de sucre cristallisé roux ou blanc

1. Faire fondre le chocolat au bain-marie. Laisser refroidir légèrement.
2. Verser le chocolat dans une poche à douille fine. Former des bretzels en chocolat sur une longue feuille de papier sulfurisé.
3. Avant que le chocolat ne durcisse, saupoudrer de sucre. Laisser refroidir à la température de la pièce. Se conservent jusqu'à 4 semaines dans un récipient bien fermé en un lieu frais et sec.

Note :
Vous pouvez ajouter au chocolat 1 ou 2 gouttes d'essence d'orange ou de citron.

CUISI-TRUC

Choisissez une plaque qui ne se déforme pas à la chaleur et sur laquelle les biscuits ne glissent pas. Selon la recette, elle sera ou non, beurrée ou huilée.

Gaufrettes au chocolat et aux noisettes

Préparation : 45 minutes
Temps de cuisson : 15 minutes
Pour 32 gaufrettes

2/3 de tasse de chocolat noir, haché
16 gaufrettes d'environ 4 x 6 cm
1/4 de tasse de crème à tartiner aux noisettes et au chocolat
60 g de beurre
1/4 de tasse de noisettes ou de noix moulues

1. Tapisser une plaque de papier d'aluminium. Dessiner un carré de18 cm sur le papier.
2. Faire fondre le chocolat au bain-marie. Étendre

Boules à la noix de coco

la moitié du chocolat sur le carré dessiné. Disposer 8 gaufrettes sur le chocolat et presser délicatement. Tenir au frais jusqu'à ce que cela durcisse.

3. Dans une casserole, faire chauffer la crème à tartiner aux noisettes et au chocolat, le beurre et les noix à feu doux en remuant, jusqu'à ce que le mélange soit homogène. Retirer du feu et laisser refroidir légèrement. Étendre le mélange sur les gaufrettes. Couvrir du reste des gaufrettes en pressant légèrement. Étendre le reste du chocolat fondu. Tenir au frais jusqu'à ce que ce soit ferme.

4. Couper en carrés avec un couteau très tranchant. Se conservent jusqu'à 4 semaines dans un récipient bien fermé en un lieu frais et sec.

Boules à la noix de coco

Préparation : 25 minutes
Temps de cuisson : 5 minutes
Pour 20 boules

3/4 de tasse de chocolat au lait
1 tasse de noix de coco râpée

1. Tapisser une plaque de papier d'aluminium.

2. Faire fondre le chocolat au bain-marie. Ajouter les 3/4 de la noix de coco râpée et bien mélanger.

3. Faire griller le reste de noix de coco râpée sous le gril du four jusqu'à ce qu'elle soit légèrement dorée.

4. Déposer le mélange de chocolat par 1 cuillère à café rase sur la plaque préparée. Rouler dans la noix de coco grillée. Laisser durcir à la température de la pièce. Se conservent jusqu'à 4 semaines dans un récipient bien fermé en un lieu frais et sec, ou au réfrigérateur s'il fait chaud.

Note :
Vous pouvez remplacer la noix de coco râpée par un mélange de noix hachées finement.

Les chocolats des grandes occasions

Ce chapitre est rempli de douceurs exquises qui mettront l'eau à la bouche à vos amis et invités. Certaines recettes sont très faciles à réaliser, d'autres demandent un peu plus de temps et d'efforts. Ces mignardises constituent la gâterie parfaite après un repas et le cadeau des gourmets et des gourmands. Essayez nos truffes au citron : une véritable découverte !

Truffes au chocolat

Préparation : 15 minutes + 1 heure de réfrigération
Temps de cuisson : 5 minutes
Pour 40 truffes

1 1/4 tasse de chocolat noir à cuire, haché
1/3 de tasse de beurre
1/2 tasse de crème épaisse
2 cuil. à soupe de brandy ou de cognac
Cacao pour enrober les truffes

1. Mettre le chocolat dans un bol. Dans une casserole, faire fondre le beurre dans la crème en remuant à feu doux. Porter à ébullition. Retirer du feu. Verser sur le chocolat. Remuer à la cuillère de bois jusqu'à ce que le chocolat soit fondu et que le mélange soit lisse. Incorporer l'alcool.
2. Laisser refroidir au réfrigérateur en remuant de temps à autre, jusqu'à ce que ce soit assez ferme pour être manipulé. Former 40 truffes.
3. Tamiser le cacao sur du papier sulfurisé. Rouler chaque truffe dans le cacao et bien l'enrober. Mettre au frais jusqu'à ce que les truffes soient fermes. Se conservent deux semaines au réfrigérateur dans un récipient bien fermé. Les sortir du réfrigérateur 30 minutes avant de les servir.

De gauche à droite : rosettes de chocolat à l'orange, truffes au chocolat, fondants d'amour aux fraises (p. 50)

1. Faire chauffer le sucre, la crème, le glucose et la glycérine à feu moyen en remuant.

2. Fouetter 8 minutes au batteur électrique ou jusqu'à ce que le mélange soit opaque.

Fondants d'amour aux fraises

Préparation : 15 minutes
Temps de cuisson : 30 minutes
Pour 35 fondants

1 1/2 tasse de sucre
2/3 de tasse de crème épaisse
4 cuil. à soupe de glucose liquide
1 cuil. à soupe de glycérine
2 cuil. à café d'arôme de fraise
4 gouttes de colorant alimentaire rouge
1 1/4 tasse de chocolat noir, haché

1. Dans une casserole, faire chauffer le sucre, la crème, le glucose et la glycérine à feu moyen en remuant, jusqu'à ce que le sucre soit dissous. Nettoyer les parois de la casserole de temps à autre avec un pinceau mouillé dans l'eau chaude. Porter à ébullition et laisser bouillir 15 minutes sans remuer jusqu'à ce que le thermomètre de confiseur indique 115 °C. Retirer immédiatement du feu.
2. Ajouter l'arôme et le colorant. Fouetter 8 minutes au batteur électrique ou jusqu'à ce que le mélange soit opaque. Déposer sur le plan de travail légèrement fariné et pétrir jusqu'à ce que ce soit lisse. Laisser refroidir complètement.
3. Abaisser le fondant à 1 cm d'épaisseur. Y découper des cœurs avec un emporte-pièce.
4. Tapisser une plaque de papier d'aluminium. Faire fondre le chocolat au bain-marie. Laisser tiédir. À l'aide de deux fourchettes, tremper les cœurs, un à un, dans le chocolat fondu. Égoutter l'excès de chocolat et les déposer sur la plaque. Laisser durcir. Se conservent jusqu'à deux semaines dans un récipient bien fermé en un lieu frais et sec.

Note :
Informez-vous auprès de votre pâtissier ou chez les spécialistes en confiserie pour savoir où vous procurer du sirop de glucose.
La glycérine est vendue en pharmacie.

Rosettes de chocolat à l'orange

Préparation : 20 minutes + 2 heures de réfrigération
Temps de cuisson : 5 minutes
Pour 48 rosettes

1/2 tasse de chocolat noir à cuire, haché
90 g de beurre
2 tasses de sucre glace
4 jaunes d'œufs
1 cuil. à café de zeste d'orange râpé finement
48 petits moules en aluminium

1. Dans une casserole, faire fondre le chocolat et le beurre à feu très doux en remuant. Retirer du feu. Verser dans une terrine.
2. Incorporer le sucre glace progressivement à la cuillère de bois. Ajouter les jaunes

3. Abaisser le fondant à 1 cm d'épaisseur.

4. À l'aide de deux fourchettes, tremper les cœurs un à un dans le chocolat fondu.

d'œufs, un à un, en battant entre chacun. Incorporer le zeste d'orange et bien mélanger. Tenir au frais jusqu'à ce que le mélange soit assez ferme pour être manipulé (environ 2 heures).
3. Avec une poche à douille en étoile, déposer de petites rosettes dans les moules. Mettre au réfrigérateur. Se conservent jusqu'à 3 jours dans un récipient bien fermé au réfrigérateur.

Note :
Les petits moules en aluminium sont disponibles dans les magasins d'ustensiles culinaires.

Petits moules viennois

Préparation : 25 minutes + 30 minutes
Temps de cuisson : 15 minutes
Pour 16 moules

1/3 de tasse de chocolat noir, haché
16 petits moules en aluminium
1/3 de tasse de chocolat au lait
2 cuil. à soupe de crème
1 cuil. à café de café instantané
1/4 de tasse de chocolat blanc, haché
Cacao pour saupoudrer

1. Faire fondre le chocolat noir au bain-marie. Laisser refroidir légèrement. Verser 1 cuil. à café de chocolat fondu dans chaque moule en aluminium. Étaler le chocolat sur le fond et les côtés du moule avec un pinceau pour napper complètement le moule. Déposer à l'envers sur une grille et laisser durcir.
2. Mettre le chocolat au lait dans une terrine. Dans une casserole, faire chauffer la crème et le café instantané à feu doux en remuant, jusqu'à ce que ce soit bien mélangé. Porter à ébullition et retirer du feu. Verser sur le chocolat au lait et remuer à la cuillère de bois pour faire fondre le chocolat. Laisser refroidir.
3. Déposer 1 cuil. à café du mélange de crème refroidi dans chaque moule en chocolat.
4. Faire fondre le chocolat blanc au bain-marie. Laisser refroidir en remuant de temps à autre. Déposer 1/2 cuil. à café de chocolat blanc fondu sur le mélange de crème. Laisser durcir. Retirer les moules en papier d'aluminium. Saupoudrer de cacao. Se conservent jusqu'à 2 semaines dans un récipient bien fermé au réfrigérateur.

Brindilles de massepain au chocolat

Préparation : 20 minutes
Temps de cuisson : 5 minutes
Pour 25 brindilles

100 g de massepain
1 cuil. à soupe de brandy ou de cognac
1/2 tasse de chocolat noir, haché

1. Tapisser une grande plaque de papier d'aluminium.
2. Dans un bol, déposer le massepain et l'alcool. Travailler la pâte avec les mains pour incorporer l'alcool.
3. Rouler le massepain sur une surface de travail pour former un rouleau d'une longueur de 25 cm. Couper en 25 morceaux égaux. Rouler chaque morceau en forme de brindille de 6 cm de long.
4. Faire fondre le chocolat au bain-marie. Laisser refroidir légèrement. Tremper les brindilles du bout des doigts dans le chocolat fondu. Égoutter l'excès de chocolat. Déposer sur la plaque pour laisser durcir le chocolat. S'assurer que les brindilles ne se touchent pas.
Se conservent jusqu'à 4 semaines dans un récipient bien fermé en un lieu frais et sec, ou au réfrigérateur s'il fait chaud.

Note :
Vous pouvez remplacer le brandy ou le cognac par un autre alcool de votre choix.

Truffes aux noisettes

Préparation : 25 minutes
Temps de cuisson : 10 minutes
Pour 30 truffes

50 g de beurre
2 cuil. à soupe de crème épaisse
1/2 tasse de chocolat au lait
1/4 de tasse de noisettes moulues
1 tasse de chocolat noir, haché
30 moitiés de noisettes

1. Mettre le chocolat au lait dans une terrine. Dans une casserole, faire chauffer le beurre et la crème à feu doux en remuant, jusqu'à ce que le beurre soit fondu. Porter à ébullition. Retirer du feu. Verser sur le chocolat et remuer à la cuillère de bois pour faire fondre le chocolat. Ajouter les noisettes moulues et bien mélanger.
2. Tenir au frais jusqu'à ce que ce soit assez ferme pour être manipulé (environ 15 minutes). Remuer de temps à autre. Former 30 truffes, à raison d'une cuillère à soupe par truffe. Remettre au réfrigérateur jusqu'à ce que ce soit ferme.
3. Tapisser une grande plaque de papier d'aluminium. Faire fondre le chocolat noir au bain-marie. Laisser refroidir légèrement. À l'aide de deux fourchettes, tremper les truffes, une à une, dans le chocolat. Égoutter l'excès de chocolat. Les déposer sur la plaque. Déposer une moitié de noisette sur chaque truffe en pressant légèrement, avant que le chocolat ne durcisse. Tenir au frais jusqu'à ce que le chocolat durcisse.
Se conservent jusqu'à 2 semaines dans un récipient hermétique au réfrigérateur.

Note :
Parfumer le chocolat au lait d'1 ou 2 gouttes d'essence d'orange ou de Grand-Marnier. Vos truffes n'en seront que plus délicieuses.

De gauche à droite : brindilles de massepain au chocolat, petits moules viennois (p. 51) et truffes aux noisettes

Biscuits au tiramisu

Biscuits au tiramisu

Préparation : 15 minutes + 20 minutes de réfrigération
Temps de cuisson : 10 minutes
Pour 24 biscuits

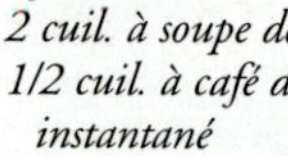

6 petits gâteaux genre biscuit de Savoie
1/4 de tasse de chocolat au lait fondant
2 cuil. à soupe de crème épaisse
1/2 cuil. à café de café instantané
1 1/2 cuil. à café de rhum
3/4 de tasse de chocolat noir, haché

1. Tapisser une grande plaque de papier d'aluminium.
2. Couper les biscuits en 4 morceaux égaux. Mettre le chocolat au lait dans une terrine. Dans une casserole, faire chauffer la crème et le café à feu doux en remuant, jusqu'à ce que le café soit dissous. Porter à ébullition et retirer du feu. Verser sur le chocolat et remuer à la cuillère de bois pour faire fondre le chocolat. Incorporer le rhum.
3. Tenir au frais environ 20 minutes, en remuant de temps à autre. Couper les biscuits en deux dans le sens de la longueur. Les tartiner généreusement du mélange de chocolat fondu et les assembler l'un sur l'autre en sandwich.
4. Faire fondre le chocolat noir au bain-marie. Laisser refroidir légèrement. À l'aide de deux fourchettes, tremper les biscuits, un à la fois, dans le chocolat. Égoutter l'excès de chocolat. Les déposer sur la plaque et laisser refroidir. Se conservent jusqu'à 3 jours dans un récipient bien fermé en un lieu frais et sec.

Note :
Avant que le chocolat noir se soit solidifié, décorez avec des pistaches hachées ou des amandes.

Truffes au citron

Truffes au citron

Préparation : 20 minutes +
1 heure de réfrigération
Temps de cuisson : 5 minutes
Pour 15 à 20 truffes

3/4 de tasse de chocolat blanc, haché
4 cuil. à soupe de crème épaisse
30 g de beurre
1 cuil. à soupe de miettes de gâteau de Savoie
2 cuil. à café de zeste de citron râpé finement
1/4 de tasse de chocolat blanc, râpé

1. Tapisser une grande plaque de papier d'aluminium.
2. Déposer le chocolat dans un bol. Dans une casserole, porter à ébullition la crème et le beurre en remuant. Retirer du feu. Verser sur le chocolat. Remuer à la cuillère de bois jusqu'à ce que le chocolat soit fondu et que le mélange soit lisse. Incorporer les miettes de gâteau et le zeste de citron.
3. Laisser refroidir au réfrigérateur en remuant de temps à autre, jusqu'à ce que ce soit assez ferme pour être manipulé. Former 15 à 20 truffes.
4. Étendre le chocolat blanc râpé sur une feuille de papier sulfurisé. Rouler chaque truffe dans le chocolat pour les enrober généreusement. Les déposer sur la plaque. Tenir au frais jusqu'à ce qu'elles soient fermes (environ 30 minutes). Se conservent 2 semaines au réfrigérateur dans un récipient hermétique.

CUISI-TRUC

Vous pouvez décorer vos chocolats faits maison avec des violettes en sucre pour leur donner un air traditionnel. Quand vous plongez vos chocolats laissez se former au-dessus une spirale de chocolat pour améliorer leur aspect.

Écorces d'orange au chocolat

Préparation : 40 minutes + 1 nuit
Temps de cuisson : 30 minutes
Pour 48 écorces

3 oranges moyennes non traitées
1 tasse de sucre
1 tasse d'eau
1 cuil. à café de jus de citron
3/4 tasse de chocolat noir, haché

1. Couper les oranges en quartiers et enlever la pelure. Garder la chair pour une autre utilisation et réserver la pelure. Retirer toute la partie blanche sous la pelure. Couper chaque quartier en lanières de 1 cm.
2. Dans une casserole, déposer les écorces d'orange et couvrir d'eau. Porter à ébullition et retirer du feu. Égoutter. Répéter cette opération deux fois. Sécher les écorces sur du papier absorbant.
3. Rincer la casserole, y mélanger le sucre, l'eau et le jus de citron. Cuire à feu moyen en remuant jusqu'à ce que le sucre soit dissous. Ajouter les écorces d'orange. Porter à ébullition et laisser bouillir 15 minutes sans remuer, ou jusqu'à ce que les écorces soient translucides. Retirer immédiatement du feu.
4. Égoutter et déposer les écorces sur une grille tapissée de papier d'aluminium. Laisser sécher toute une nuit à la température ambiante.
5. Faire fondre le chocolat au bain-marie. Laisser refroidir légèrement. À l'aide de deux fourchettes, tremper les écorces, une à une, dans le chocolat. Égoutter l'excès de chocolat. Les déposer sur une feuille de papier sulfurisé et laisser durcir. Se conservent jusqu'à 4 semaines dans un récipient bien fermé en un lieu frais et sec.

Note :
On peut remplacer l'écorce d'orange et le chocolat noir par celle du citron et du chocolat blanc.

Cuisi-truc

S'il vous reste du chocolat fondu, trempez-y des fruits frais tels que fraises, cerises, raisins, noix etc. ou encore vos biscuits préférés. Déposez-les sur une feuille de papier sulfurisé et laissez durcir. Vous pouvez aussi déposer une cuillerée au café de chocolat fondu sur du papier sulfurisé et laisser durcir.

Truffes-surprises aux noisettes

Préparation : 30 minutes + 30 minutes de réfrigération
Temps de cuisson : 10 minutes
Pour 20 truffes

1/4 tasse de crème épaisse
50 g de beurre non salé
4 cuil. à soupe de crème à tartiner aux noisettes et au chocolat
1/2 tasse de chocolat noir à cuire, haché
20 noisettes entières
2/3 tasse de céréales de riz (type Rice Crispies), légèrement écrasées
20 noisettes supplémentaires, hachées grossièrement
2/3 tasse de chocolat noir à cuire, haché
30 g de matière grasse végétale

1. Mettre le chocolat noir dans une terrine. Dans une casserole, faire chauffer la crème, le beurre et la crème à tartiner aux noisettes et au chocolat à feu doux en remuant, jusqu'à ce que le mélange soit homogène. Porter à ébullition. Retirer immédiatement du feu. Verser sur le chocolat et remuer à la cuillère de bois pour faire fondre le chocolat.
2. Tenir au frais jusqu'à ce que ce soit ferme. Pour chaque truffe, abaisser 1 cuil. à soupe du mélange. Déposer une noisette au centre et rouler pour former une boule. Rouler les boules dans le mélange de céréales et

Truffes-surprises aux noisettes (à gauche), écorces d'orange au chocolat (à droite)

de noisettes hachées.
Tenir au frais jusqu'à ce que ce soit ferme (environ 15 minutes).

3. Tapisser une grande plaque de papier d'aluminium. Faire fondre le chocolat et la graisse végétale au bain-marie. Laisser refroidir légèrement.

4. À l'aide de deux fourchettes, tremper les truffes, une à une, dans le chocolat fondu. Égoutter l'excès de chocolat.
Les déposer sur la plaque et laisser refroidir.
Se conservent jusqu'à 2 semaines dans un récipient bien fermé au réfrigérateur.

1. Déposer quatre points ou une spirale de chocolat blanc au fond de chaque moule.

2. Étaler le chocolat sur le fond et les côtés du moule avec un pinceau.

Écrins de chocolat irlandais

Préparation : 1 heure
Temps de cuisson : 10 minutes
Pour 28 écrins

2 cuil. à soupe de chocolat blanc, haché
28 petits moules en aluminium
2 1/2 cuil. à soupe de chocolat noir, fondant
1/4 de tasse de sucre
2 cuil. à soupe d'eau
60 ml de liqueur Irish Cream

1. Faire fondre le chocolat blanc au bain-marie. Avec une douille ou un cône de papier sulfurisé dont la pointe est coupée au ciseau, déposer quatre points ou une spirale de chocolat blanc au fond de chaque moule en aluminium. Laisser durcir à la température de la pièce.
2. Faire fondre le chocolat noir au bain-marie. Laisser refroidir légèrement. Verser 1 cuil. à café de chocolat fondu dans chaque moule. Étaler le chocolat sur le fond et les côtés du moule avec un pinceau pour napper complètement le moule. Déposer à l'envers sur une grille et laisser durcir.
3. Étendre le reste du chocolat sur une feuille de papier d'aluminium à environ 0,25 cm d'épaisseur. Lorsque le chocolat est presque dur, y découper 28 cercles d'environ 2 cm de diamètre comme base pour les moules.
4. Dans une casserole, faire chauffer le sucre et l'eau à feu doux en remuant, jusqu'à ce que le sucre soit dissous. Détacher le sucre cristallisé des parois de la casserole avec un pinceau à pâtisserie trempé dans l'eau chaude. Porter à ébullition et laisser bouillir 10 minutes sans remuer. Retirer du feu. Laisser refroidir. Napper l'intérieur de chaque moule du sirop refroidi.
5. Répartir l'Irish Cream dans les moules. Faire fondre, au bain-marie, le reste de chocolat qui a servi à faire les cercles. Avec une poche à douille ou un cône de papier sulfurisé, tracer soigneusement un cercle en chocolat sur le pourtour des moules. Y déposer la base, soit un cercle en chocolat, et presser délicatement pour enfermer la crème à l'intérieur. Lorsque les écrins de chocolat sont durs, retirer le moule en papier d'aluminium. Se conservent de 1 à 2 semaines dans un récipient bien fermé en un lieu frais et sec.

Écrins de chocolat irlandais

3. Découper 28 cercles d'environ 2 cm de diamètre dans le chocolat.

4. Tracer soigneusement un cercle en chocolat sur le pourtour des moules.

Carrés truffés

Préparation : 1 heure 30
Temps de cuisson :
15 à 20 minutes
Pour 72 carrés

Couverture
1 tasse de chocolat noir à cuire, haché

Garniture au chocolat noir
4 cuil. à soupe de crème épaisse
1/3 de tasse de beurre non salé
3/4 de tasse de chocolat noir à cuire, haché

Garniture au chocolat blanc
2 cuil. à soupe de crème épaisse
40 g de beurre
1/2 tasse de chocolat blanc, haché

1. Renverser un moule de 30 x 20 cm. Couvrir la base de papier d'aluminium.
2. Chocolat de couverture
Faire fondre le chocolat au bain-marie. Laisser refroidir légèrement. Étendre la moitié du chocolat fondu sur la base du moule. Réfrigérer jusqu'à ce que ce soit dur. Réserver le reste du chocolat.
3. Garniture au chocolat noir
Dans une casserole, faire chauffer la crème et le beurre à feu doux en remuant, jusqu'à ce que le beurre soit fondu. Porter à ébullition et retirer du feu. Ajouter le chocolat et remuer à la cuillère de bois pour faire fondre le chocolat. Étendre la moitié de la garniture sur le moule lorsque le chocolat est dur. Tenir au frais jusqu'à ce que cela durcisse. Mettre le reste de la garniture au réfrigérateur pour qu'elle soit à moitié dure.
4. Garniture au chocolat blanc
Dans une casserole, faire chauffer la crème et le beurre à feu doux en remuant, jusqu'à ce que le beurre soit fondu. Porter à ébullition et retirer du feu. Ajouter le chocolat et remuer à la cuillère de bois pour faire fondre le chocolat. L'étendre par-dessus la garniture au chocolat noir refroidie. Tenir au frais jusqu'à ce que cela durcisse.
5. Battre le reste de la garniture au chocolat noir au batteur électrique jusqu'à ce que ce soit épais et crémeux. Étendre par-dessus la garniture au chocolat blanc. Tenir au frais jusqu'à ce que cela durcisse. Étendre le reste du chocolat de couverture fondu. Laisser durcir.
6. Couper en petits carrés avec un couteau tranchant. Se conservent jusqu'à 4 semaines dans un récipient bien fermé en un lieu frais et sec, ou au réfrigérateur s'il fait chaud. Séparer les couches de carrés truffés par du papier sulfurisé.

Menthes chocolatées

Préparation : 1 heure
Temps de cuisson : 15 minutes
Pour 36 menthes

1 1/2 tasse de sucre
150 ml de lait
4 cuil. à soupe de glucose liquide
1 cuil. à soupe de glycérine
2 cuil. à café d'essence de menthe
Colorant alimentaire vert
1 tasse de chocolat noir à cuire, haché
1 cuil. à soupe de graisse végétale

1. Dans une casserole, faire chauffer le sucre, le lait, le glucose et la glycérine à feu moyen en remuant, jusqu'à ce que le sucre soit dissous. Porter à ébullition et laisser bouillir environ 15 minutes sans remuer, jusqu'à ce que le thermomètre de confiseur indique 115 °C. Vérifier la cuisson en procédant selon les indications données à la page 3. Retirer immédiatement du feu. Incorporer l'essence de menthe et le colorant alimentaire.
2. Verser dans une terrine. Fouetter au batteur électrique jusqu'à ce que le mélange épaississe et devienne opaque. Déposer sur un plan de travail légèrement saupoudré de sucre glace. Pétrir de 2 à 3 minutes ou jusqu'à ce

Menthes chocolatées (en haut), carrés truffés (en bas)

que ce soit lisse. Abaisser à 1 cm d'épaisseur. Y découper des cercles de 2,5 cm à l'aide d'un emporte-pièce fariné.

3. Faire fondre le chocolat et la graisse au bain-marie. Laisser refroidir légèrement. À l'aide de deux fourchettes, tremper les menthes, une à la fois, dans le chocolat. Égoutter l'excès de chocolat. Les déposer sur une feuille de papier sulfurisé et les laisser durcir à la température de la pièce. Se conservent 3 semaines dans un récipient hermétique en un lieu frais et sec.

Note :
Informez-vous auprès de votre pâtissier ou des spécialistes en confiserie pour vous procurer du glucose liquide. La glycérine est vendue en pharmacie.

Cuisi-truc

Pour les grandes occasions, décorez les menthes chocolatées de pistaches ou de pâte d'amande verte. On se régale d'abord avec les yeux.

Cigarettes au gingembre

Préparation : 1 heure
Temps de cuisson : 40 minutes
Pour 32 cigarettes

50 g de beurre
1/4 de tasse de cassonade
2 cuil. à soupe de mélasse
1/4 de tasse de farine, tamisée
2 cuil. à café de gingembre moulu

Crème au beurre de noix de pécan
80 g de beurre
1/2 tasse de sucre glace, tamisé
1 cuil. à café d'extrait de vanille
1/2 tasse de noix de pécan moulues
1/3 de tasse de chocolat noir à cuire, haché

1. Préchauffer le four à 180 °C. Beurrer deux grandes plaques.
2. Dans une casserole, faire chauffer le beurre, la cassonade et la mélasse à feu doux en remuant, jusqu'à ce que le beurre soit fondu et que le sucre soit dissous. Retirer du feu. Ajouter la farine et le gingembre. Bien mélanger.
3. Déposer le mélange à l'aide d'une cuillère à café sur les plaques, deux cigarettes seulement à la fois pour leur laisser suffisamment d'espace pour s'étendre. Cuire au four 5 minutes ou jusqu'à ce que les biscuits soient brun doré. Laisser refoidir 30 secondes. Décoller les biscuits avec une spatule. Rouler chaque biscuit autour du manche d'une cuillère de bois. Lorsque le biscuit est refroidi, retirer le manche et déposer sur une grille pour refroidir complètement. Répéter avec le reste du mélange.
4. Crème au beurre de noix de pécan
Dans un bol, battre le beurre en crème avec le sucre. Incorporer l'extrait de vanille et les noix. Bien mélanger. Déposer la crème au beurre dans une poche à douille. Remplir chaque cigarette de crème.
5. Faire fondre le chocolat au bain-marie. Laisser refroidir légèrement. Tremper chaque bout de cigarette dans le chocolat. Égoutter l'excès de chocolat. Les déposer sur une feuille de papier sulfurisé et laisser refroidir. Se conservent jusqu'à 3 semaines dans un récipient hermétique, au congélateur. Pour servir, il n'est pas nécessaire de les décongeler.

Note :
On peut aussi congeler les cigarettes au gingembre sans la crème et les remplir de la crème au beurre de noix de pécan ou de crème fouettée légèrement sucrée juste avant de les servir.

Chocolats blancs aux abricots

Préparation : 40 minutes + 15 minutes de réfrigération
Temps de cuisson : 10 minutes
Pour 32 chocolats

1/2 tasse d'abricots secs
1 cuil. à soupe de jus de citron
1 cuil. à soupe de cassonade
1 cuil. à café de zeste de citron
1/2 tasse de crème épaisse
1/2 tasse de fromage à la crème
1/3 de tasse de chocolat blanc, haché
1/2 tasse de noix de coco râpée, grillée
1/4 de tasse de chocolat blanc râpé

1. Dans une casserole, faire chauffer les abricots, le jus de citron, la cassonade, le zeste de citron et la crème à feu doux en remuant, jusqu'à ce que le sucre soit complètement dissous. Porter à ébullition, réduire le feu et laisser bouillir de 10 à 15 minutes, jusqu'à ce que le liquide soit absorbé et que les abricots soient mous. Retirer du feu. Laisser refroidir légèrement.
2. Dans une terrine, fouetter le fromage à la crème au batteur électrique jusqu'à obtenir une consistance crémeuse. Ajouter le mélange d'abricots et battre jusqu'à ce que le mélange soit assez lisse.
3. Faire fondre le chocolat au bain-marie. Laisser refroidir légèrement.
4. Ajouter le chocolat

Cigarettes au gingembre (en haut), chocolats blancs aux abricots (en bas)

fondu au mélange d'abricots et battre jusqu'à ce que le mélange soit lisse. Tenir au frais jusqu'à ce que le mélange commence à durcir.

5. Dans un bol, mélanger la noix de coco et le chocolat râpé. Former des boulettes avec le mélange d'abricot et les rouler dans le mélange de noix de coco. Les déposer sur une plaque dans le réfrigérateur jusqu'à ce qu'elles soient fermes. Se conservent jusqu'à 4 semaines dans un récipient bien fermé en un lieu sec et frais.

CUISI-TRUC

Pour obtenir un mélange d'abricots plus homogène, couper les abricots secs en petits morceaux et les faire gonfler dans l'eau pendant quelques minutes. Procéder ensuite selon la recette.

Index